LIBRO DE RECETAS DE SANDWICH

+50 recetas infalibles para hacer Panini

Adriana Ramos

Reservados todos los derechos.

Descargo de responsabilidad

La información contenida i está destinada a servir como una colección completa de estrategias sobre las que el autor de este libro electrónico ha investigado. Los resúmenes, estrategias, consejos y trucos son solo recomendaciones del autor, y la lectura de este libro electrónico no garantiza que los resultados de uno reflejen exactamente los resultados del autor. El autor del eBook ha realizado todos los esfuerzos razonables para proporcionar información actualizada y precisa a los lectores del eBook. El autor y sus asociados no serán responsables de ningún error u omisión no intencional que se pueda encontrar. El material del eBook puede incluir información de terceros. Los materiales de terceros forman parte de las opiniones expresadas por sus propietarios. Como tal, el autor del libro electrónico no asume responsabilidad alguna por el material u opiniones de terceros.

El libro electrónico tiene copyright © 2021 con todos los derechos reservados. Es ilegal redistribuir, copiar o crear trabajos derivados de este libro electrónico en su totalidad o en parte. Ninguna parte de este informe puede ser reproducida o retransmitida de forma reproducida o retransmitida en cualquier forma sin el permiso expreso y firmado por escrito del autor.

TABLA DE CONTENIDO

INTRODUCCIÓN 6
PESTOTRAMEZZINI CON COHETE 8
PANINI CON TOMATE Y MOZZARELLA 10
PANINI CON JAMÓN Y QUESO 12
PANINI CON POLLO 14
SANDWICH DE POLLO Y LIMÓN 16
BOLSA DE PAN COS PITA 18
SMORES CLÁSICOS 20
SANDWICH DE NUCLEO DE QUESO Y RÚBULA 22
SANDWICH DE QUESO Y PEPINO 24
SANDWICH CALIENTE CON JAMON Y HUEVO 26
SANDWICH DE PRIMAVERA RÁPIDO 28
BAGUETTES DE QUESO CREMA CON RÁBANOS 30
SANDWICH CON COHETE DE FETA Y BÜNDNERFLEISCH 32
SANDWICH DE HUEVO Y BAGUETTE 34
REBANADAS DE PAN DE JAMÓN DE BRÓCOLI 36
TOSTADA INTEGRAL 38
BAGUETTE CON TIRAS DE POLLO 39
SALSA DE AJO SALVAJE Y QUESO 41
SANDWICHES DE BERENJENA 43
PLAZAS DE TOSTADA APERITIVA 45

CIABATTA PANINI	47
VESTIMENTA AMERICANA	49
DONER KEBAB	51
PASTEL DE SANDWICH SALADO	54
SANDWICHES DE TÉ DE TARDE INGLÉS	57
PRETZEL DE FIESTA	59
HUNTERBUN	61
FILETE DE CERDO EN PAN CON COL PUNTA Y MAYONESA DE AJO	63
SANDWICH CLUB VIP	67
SANDWICH DE PEPINO	69
LASAÑA SANDWICH	71
SANDWICH DE AGUACATE	73
SANDWICH DE VERDURAS	75
SANDWICH DE POLLO Y LIMÓN	77
SANDWICH DE PEPINO CON MANTEQUILLA DE LIMÓN	79
Tostada de bistec americano	81
SANDWICH SALUDABLE DE GRANO ENTERO	83
SANDWICHES ITALIANOS	85
SANDWICH DE JAMÓN	87
SANDWICH DE CLUB	89
SANDWICH DE QUESO FUNDIDO	91
SANDWICH DE QUESO DE OVEJA	93

SANDWICH CREAM DE AGUACATE 95
SANDWICH DE PLÁTANO 97
SANDWICH DE CAMEMBERT 98
SANDWICH DE PEPINO 100
SANDWICH DE APERITIVO 102
PAN INTEGRAL CON QUESO CURD 104
SANDWICH DE BISTEC EN FLANCO 105
SANDWICH DE PAN CORTA 108
CONCLUSIÓN 110

INTRODUCCIÓN

Bueno, como sugiere su nombre, se basa en Prepare una comida donde el sándwich es Plato Main. Así que tomamos una comida en forma de bocadillo y la alternamos con platos equilibrados y saludables. Por lo tanto, tanto las verduras como las carnes blancas o el pescado están disponibles para perder algunos kilos. Recuerda que no se sirve cualquier bocadillo ya que tenemos que elegir el pan de semillas o el integral y lo más natural posible. Así que olvidémonos de las rebanadasun pan. Además, el sándwich en cuestión debe ser pequeño y no más largo de veinte centímetros.

DESAYUNO SALUDABLE

¿Cuánto pierde en la primera semana de la dieta?

Si las cosas van bien, la dieta del sándwich puede reducir 5 libras al mes. Porque gracias a la variedad de bocadillos, no tendrás miedo de preparar una merienda adicional. Algo básico que a veces nos pasa cuando estamos en dietas muy extremas. Por lo tanto, puede perder entre 1 libra o 1.5 libras por semana. Por supuesto, no todos los cuerpos son iguales y, por lo tanto, hay más que perder. Recuerda que además de la dieta, debes beber mucha agua y por supuesto olvidarte de los alimentos precocinados, fritos o bollería que a menudo nos tientan.

MENÚ DIETA SANDWICH

Desayuno

Vaso de café con leche desnatada, dos rebanadas de pan con mermelada light y una pieza de fruta. Puede alternar con un yogur desnatado y fruta. Puede ser kiwi, piña, pera o mandarina, así como naranjas.

Mañana y tarde

Puedes tomar una fruta o un yogur natural. Pero también puedes agregar infusiones o café sin azúcar. Si tiene hambre, puede comer más fruta e incluso agregar algunas verduras como zanahorias o tomates.

Comida

Aquí es donde llega nuestro sándwich. Siempre pan integral o con semillas. Siempre hacemos el sándwich con hojas verdes como lechuga o acelgas y rúcula. Además de estas verduras, deben contener esa parte de la proteína que viene en forma de pavo o pollo. Puedes elegir lonchas o plancha. Queso crema, pimientos asados, huevo cocido, jamón o incluso mejillones. ¿Qué te gustan los bocadillos? De postre puedes tomar otra fruta.

PESTOTRAMEZZINI CON COHETE

Porciones: 1

INGREDIENTES

- 2 TL   Pesto de albahaca
- 50 GRAMOS Queso Mozzarella
- 1 taza Aceite de oliva virgen extra
- 1 disparo   pimienta del molinillo
- 1 Federación Rúcula
- 1 Schb Pan de sándwich
- 1 PC   Tomates, grandes, maduros

PREPARACIÓN

El pan se descorteza y se baña con pesto de albahaca. La mozzarella se corta en rodajas. Se pone aceite de oliva en un bol, se sala un poco, se salpimenta y se sumergen las rodajas de mozzaralla. El tomate se lava, se pela y se corta en rodajas. Las rodajas de tomate están un poco saladas y picadas.

El pan se corta en diagonal y la mitad se cubre con rodajas de tomate y la otra mitad con rodajas de mozzarella. La rúcula se lava, se sacude y se coloca en los rollos. La segunda mitad del pan se coloca encima y se presiona ligeramente.

PANINI CON TOMATE Y MOZZARELLA

Porciones: 4

INGREDIENTES

- 4 piezas   Panecillos ciabatta u otro pan blanco
- 150 G   Queso Mozzarella
- 80 G   Parmesano rallado
- 1 premio   pimienta
- 2 etapas   sabio
- 1 premio   sal
- 4 piezas   Tomates

PREPARACIÓN

Los tomates frescos se lavan, se cortan en cuartos y se cortan en rodajas finas. Escurre la mozzarella fresca y córtala en trozos pequeños. Lave la salvia fresca, agítela para secarla y píquela finamente.

Ahora mezcle los ingredientes preparados con el parmesano rallado en un bol y sazone bien con sal y pimienta.

Ahora corte los rollos para abrirlos. Luego, el relleno preparado se puede distribuir uniformemente sobre los rollos.

Cierre los panecillos y áselos en la sandwichera caliente durante unos 3-5 minutos hasta que estén crujientes. Sirva inmediatamente el panini terminado con tomate y mozzarella caliente.

PANINI CON JAMÓN Y QUESO

Porciones: 2

INGREDIENTES

- 4 cucharadas manteca
- 4 Schb   queso
- 4 Schb   jamón
- 8 Schb   Tostada, panini o baguette
- 1 PC   tomate

PREPARACIÓN

Cepille las tostadas de un lado con un poco de mantequilla fresca.

Ahora coloque una rebanada de jamón y queso sobre 4 rebanadas de tostada y cubra cada una con una rebanada suelta de tostada. Lavar y cortar en rodajas finas el tomate y colocar sobre la cobertura.

Por último, coloque el panini con jamón y queso en la tostadora para sándwiches caliente y tueste durante unos 3-5 minutos hasta que estén dorados y crujientes.

PANINI CON POLLO

Porciones: 2

INGREDIENTES

- 2 piezas   Huevos
- 2 cucharadas hierbas mezcladas
- 2 piezas   Filetes de pechuga de pollo
- 200 ml petróleo
- 2 piezas   Pan panini o chapata
- 1 premio   pimienta
- 4 piezas   Hojas de lechuga
- 1 premio   sal
- 2 TL   mostaza
- 2 piezas   Tomates
- 2 TL   Jugo de limon

PREPARACIÓN

Para el panini con pollo, primero sazone bien los filetes de pollo por ambos lados con sal y pimienta. Freír estos en una sartén con un poco de aceite por ambos lados durante unos minutos hasta que se doren. Luego sácalo de la sartén y córtalo en rodajas finas.

Ahora separa los huevos para la salsa y bate las yemas con el jugo de limón y la mostaza en un bol. Luego, el aceite se vierte lentamente, revolviendo constantemente, hasta que tenga una consistencia cremosa. Refina la salsa con la mayonesa y sazona con sal, pimienta y hierbas.

A continuación, corte el panini, unte la salsa y cúbralo con las hojas de lechuga lavadas. Lavar los tomates, cortarlos en rodajas y colocarlos también en el Panini. Ahora coloque las rebanadas de pollo encima y cubra con la segunda rebanada de pan.

Finalmente, ase los Paninis en una parrilla Panini caliente durante unos 4 a 5 minutos hasta que estén crujientes.

SANDWICH DE POLLO Y LIMÓN

Porciones: 2

INGREDIENTES

- 2 piezas   Pechugas de pollo / filete de pollo
- 2 cucharadas Harina
- 2 cucharadas aceite de oliva
- 1 PC   pimientos rojos
- 1 PC   Cabeza de lechuga
- 1 premio   sal y pimienta
- 8 Schb   Pan de sándwich
- 0.5 cucharadas de semillas de hinojo trituradas
- 2 cucharadas Jugo de limon

PREPARACIÓN

Lave las pechugas de pollo, séquelas y aplana un poco. Vierta el jugo de limón sobre ellos y déjelos marinar durante al menos 20 minutos.

Ahora mezcle las semillas de hinojo, la harina, la sal y la pimienta. Seque los filetes de pollo y frótelos con la mezcla de especias.

Calentar el aceite en una sartén y freír la carne durante unos 20 minutos hasta que esté cocida, luego retirarla de la sartén.

Preparamos los pimientos y cortamos en tiritas. Poner un poco de aceite en la sartén y sofreír las tiras de pimiento. Agrega el jugo de limón a la marinada y cocina hasta que se haya evaporado. Lava el pepino y córtalo en rodajas.

A continuación, tueste los panes para sándwich y corte el pollo en rodajas.

Coloque las rodajas de pollo sobre una tostada, vierta las rodajas de pepperoni y pepino encima, cubra con hojas de lechuga lavadas y cubra con otra tostada.

BOLSA DE PAN COS PITA

Porciones: 2

INGREDIENTES

- 2 piezas   Lechuga tierna
- 1 cucharada   manteca
- 1 cucharada   Mantequilla para engrasar
- 1 premio   Hojuelas de chile
- 4 piezas   panes de pita ya hechos
- 200 g Queso raclette
- 1 premio   Sal pimienta

PREPARACIÓN

Retirar las hojas exteriores de la lechuga (u otra lechuga), lavar el resto y cortar en tiras (dejar a un lado algunas hojas frescas de lechuga). Unte con mantequilla una fuente para hornear pequeña y esparza la lechuga en ella. Sazone con una pizca de sal y hojuelas de chile. Cortar el queso en rodajas y colocar encima.

Hornee a 180 ° C en un horno precalentado durante 5-10 minutos (alternativamente durante aproximadamente 1 minuto a máxima potencia en el microondas).

Cortar el pan de pita y untar con un poco de mantequilla. Calentar brevemente en la tostadora o en el horno. Coloca la mezcla de lechuga y queso en el pan de pita y cúbrelo con berro, hojas frescas de lechuga o notas de tomate al gusto.

SMORES CLÁSICOS

Porciones: 6

INGREDIENTES

- 12 piezas   Galletas Graham o galletas de mantequilla
- Paquete de 3 Chocolate con leche de Hershey o chocolate suizo
- 12 Stg Malvaviscos

PREPARACIÓN

Coloque los malvaviscos en las ramas para asarlos sobre las brasas restantes en la parrilla o sobre una fogata abierta. (Atención: es fundamental prestar atención a la elección de las ramas. Para ello son especialmente adecuadas las maderas de haya, sauce y avellana). Una alternativa a las ramas sería un tenedor de barbacoa.

Cuando se tuesta el malvavisco, se coloca un trozo de chocolate sobre una galleta, se coloca el malvavisco encima y se coloca otra galleta encima. Haz lo mismo con los 12 malvaviscos.

Deje que los sándwiches se enfríen un poco y disfrútelos mientras aún estén calientes.

SANDWICH DE NUCLEO DE QUESO Y RÚBULA

Porciones: 2

INGREDIENTES

- 10 G   manteca
- 6 Schb   Queso gruyères
- 2 piezas   Pan de semillas, p. Ej. "Pagnol "
- 20 G   Rúcula
- 0,25 piezas   Pepino

PREPARACIÓN

Cortar por la mitad el núcleo del pan a lo largo y cortar en trozos del tamaño de un sándwich.

Unte la base con mantequilla, vierta 3 rebanadas de queso gruyères encima de cada una y cúbralas con rodajas de pepino.

Vierta rúcula en los panecillos, cierre con una tapa de pan y transporte los bocadillos bien envueltos a la oficina.

SANDWICH DE QUESO Y PEPINO

Porciones: 1

INGREDIENTES

- 1 PC   junquillo
- 50 GRAMOS Queso gruyères
- 1 premio   pimienta
- 0,5 piezas Pepino
- 1 cucharada Mantequilla de mostaza

PREPARACIÓN

Cortar la baguette fresca a lo largo y untar con mantequilla de mostaza.

Lavar, cortar en rodajas y tapar el pepino.

Cortar el queso en rodajas y colocar sobre los trozos de pepino.

Pimienta el sándwich de queso y pepino, envuélvelo y disfrútalo.

SANDWICH CALIENTE CON JAMON Y HUEVO

Porciones: 4

INGREDIENTES

- 8 Schb   en rodajas gruesas brindis
- 4 piezas   Huevos
- 300 G jamón cocido, ahumado, finamente rebanado
- 150 G queso
- 1 cucharada   petróleo
- 3 cucharadas mostaza
- 50 GRAMOS   mantequilla suave

PREPARACIÓN

Cubra las tostadas con mostaza por un lado. Luego sofreír 4 huevos fritos en el aceite. Divida el jamón en

4 rebanadas de tostada, agregue un huevo, las rebanadasqueso y una tostada cada uno, para que se creen 4 sándwiches.

Unte con mantequilla el exterior de los sándwiches y fríalos por ambos lados en una sartén hasta que estén dorados.

SANDWICH DE PRIMAVERA RÁPIDO

Porciones: 1

INGREDIENTES

- 20 G   Berro de jardín, fresco
- 40 G   Queso crema de hierbas
- 4 piezas   Hojas de lechuga / o rúcula
- 4 piezas   Rebanadas de tomate
- 2 piezas   panecillos integrales

PREPARACIÓN

Corta el pan integral en forma transversal.

Unte el queso crema de hierbas en la mitad inferior de los panecillos.

Extienda el berro de jardín sobre la capa de queso crema.

Coloca encima hojas de lechuga o rúcula y rodajas de tomate, cierra la mitad superior del rollo y disfruta del sándwich.

BAGUETTES DE QUESO CREMA CON RÁBANOS

Porciones: 1

INGREDIENTES

- 1 PC   Rollos de baguette, grandes
- 2 cucharadas queso crema
- 3 piezas   rábano
- 2 Bl   Ensalada, fresca
- 0,25 piezas   Pepino

PREPARACIÓN

Cortar el rollo de baguette a lo largo y untar con queso crema.

Lavar los rábanos, el pepino y la lechuga, escurrir y preparar si es necesario. Cortar la lechuga y los rábanos en rodajas finas y colocar sobre la cobertura de queso crema.

Coloque las hojas de lechuga sobre las verduras crudas y selle el sándwich con la tapa de baguette.

SANDWICH CON COHETE DE FETA Y BÜNDNERFLEISCH

Porciones: 2

INGREDIENTES

- 50 GRAMOS Bündnerfleisch
- 10 G   manteca
- 30 G   Queso de oveja feta
- 2 Schb   pepino
- 2 piezas   Pan de semillas, p. Ej. "Pagnol "
- 20 G   Rúcula

PREPARACIÓN

Corte el núcleo del pan en secciones del tamaño de un sándwich y cree un largo para cubrir.

Cepille la parte inferior con mantequilla. Coloque Bündnerfleisch encima, desmenuce el queso feta y póngalo encima.

Coloque las rodajas de pepino sobre el queso feta y cubra la cobertura del sándwich con rúcula. ¡Cúbrete, empaca bien y disfruta en la oficina!

SANDWICH DE HUEVO Y BAGUETTE

Porciones: 1

INGREDIENTES

- 1 PC   Baguette, pequeña
- 1 PC   Huevo cocido
- 3 cucharadas quark bajo en grasa
- 1 premio   pimenton
- 0.25 Federación   Perejil, fresco
- 1 premio   pimienta
- 2 Bl   Lechuga verde
- 1 premio   sal
- 0.25 Federación   Cebollino fresco
- 1 disparo   Jugo de limon

PREPARACIÓN

Corta a la mitad la baguette fresca a lo largo.

Lavar y picar las cebolletas y el perejil.

Picar finamente el huevo duro y mezclar con quark bajo en grasa, jugo de limón, hierbas picadas y especias.

Cubrir la baguette con hojas de lechuga y esparcir la mezcla de queso y huevo por encima. Disfrútelo de inmediato o llévelo a la oficina para el almuerzo.

REBANADAS DE PAN DE JAMÓN DE BRÓCOLI

Porciones: 4

INGREDIENTES

- 530 G brócoli
- 1 cucharada   manteca
- 120 g   Gruyere, rallado
- 1 PC   diente de ajo
- 1 premio   nuez moscada
- 1 premio   pimienta
- 8 Schb   pan de centeno
- 1 PC   cebolla roja
- 1 premio   sal
- 170 G Salsa holandesa
- 120 g   Jamón cocido

PREPARACIÓN

Lavar el brócoli fresco, prepararlo y cortarlo en floretes. Corta los tallos en trozos pequeños. Ambos se escaldan en una olla con agua hirviendo con sal durante unos 4 minutos. Luego verter, enjuagar con agua fría y escurrir bien.

A continuación, pelar y picar finamente la cebolla morada y el ajo. A continuación, sofreír ambos en una sartén con un poco de mantequilla durante unos 5 minutos. Luego agregue el brócoli y cocine por unos 5 minutos. Sazone bien con sal, pimienta y nuez moscada.

Cortar en dados el jamón jugoso y mezclar con la mezcla de brócoli en un bol. Precalienta el horno a 220 ° C. Coloca las rebanadas de pan en una bandeja para horno forrada con papel de horno y cubre uniformemente con la mezcla de brócoli. Vierta 1 cucharada de salsa holandesa sobre cada uno y espolvoree con queso.

Luego hornee las rebanadas de pan en el horno durante unos 5 minutos. Luego sirva caliente inmediatamente y disfrútelo.

TOSTADA INTEGRAL

Porciones: 1

INGREDIENTES

- 4 Schb   Queso gouda
- 4 Schb   Pechuga de pollo (ahumada)
- 1 cucharada Queso crema de hierbas
- 4 Schb   pimenton
- 4 Schb   rábano

PREPARACIÓN

Tuesta la tostada al color deseado.

Unte con queso crema, cubra con salchicha y queso y decore con las verduras.

BAGUETTE CON TIRAS DE POLLO

Porciones: 4

INGREDIENTES

- 2 etapas   Panes baguette
- 3 piezas   Albahaca, tallos
- 5 cucharadas mayonesa
- 2 paquetes   Queso Mozzarella
- 2 cucharadas petróleo
- 1 premio   pimienta
- 280 G Filete de pechuga de pollo
- 1 premio   sal
- 2 cucharadas mostaza
- 2 piezas   Tomates
- 2 TL   Jugo de limon
- 1 premio   azúcar

PREPARACIÓN

Cortar la pechuga de pollo en tiras, luego sofreír con un poco de aceite en una sartén mientras gira durante unos 5 minutos. Luego sazone con sal y pimienta.

Lavar y cortar los tomates en rodajas. Saca la mozzarella del paquete y córtala en rodajas de la misma forma. Enjuaga la albahaca y agita para secar. Mezclar bien la mayonesa con la mostaza y el jugo de limón y sazonar bien con sal, pimienta y azúcar.

Corta la baguette por la mitad, ábrela desde arriba y desdóblala. Primero unte con un poco de mayonesa, luego rellénelo con tomates, mozzarella, tiras de pollo y hojas de albahaca. Rocíe con la mayonesa restante y sirva.

SALSA DE AJO SALVAJE Y QUESO

Porciones: 4

INGREDIENTES

- 70 G   Ajo silvestre
- 220 ml Caldo (verduras)
- 120 g   queso crema
- 2 cucharadas petróleo
- 1 premio   pimienta
- 100 ml crema
- 1 premio   sal
- 1 PC   limón
- 1 PC   cebolla

PREPARACIÓN

Primero, hierva el caldo en una cacerola.

Pelar la cebolla y picar finamente. Lave el limón fresco con agua caliente, séquelo y frote finamente la cáscara. Luego córtelo por la mitad y exprima 1 cucharada de jugo de limón.

Sofreír las cebollas en una sartén honda con un poco de aceite durante unos 5 minutos. Desglasar con el caldo y agregar la crema y el queso crema. Lleve todo a ebullición lentamente mientras revuelve.

Lave el ajo silvestre fresco, sacúdalo para secarlo y píquelo finamente. Ponga en la sartén el ajo silvestre picado con la ralladura de limón. Llevar a ebullición y sazonar bien con sal, pimienta y jugo de limón. Sirva caliente inmediatamente.

SANDWICHES DE BERENJENA

Porciones: 2

INGREDIENTES

- 2 piezas   Berenjena
- 6 cucharadas Harina
- 230 G Queso Mozzarella
- 4 cucharadas petróleo
- 1 premio   sal
- 10 piezas   Filetes de anchoa
- 1 PC   Tomate, grande

PREPARACIÓN

Lave las berenjenas frescas y córtelas en 10 rodajas. La harina se mezcla con sal en un plato hondo. Luego, voltee bien las rodajas de berenjena.

A continuación, sofreír las rodajas en una sartén con un poco de aceite por ambos lados durante unos minutos. Luego, escurre las rodajas sobre papel de cocina y quita el aceite.

Corta la mozzarella fresca en 10 rodajas. Lavar el tomate firme, quitarle el tallo y cortarlo en 5 rodajas. Coloque 1 rodaja de tomate y 2 filetes de anchoa y 1 rodaja de mozzarella en cada una de las 5 rodajas de berenjena y cubra con una rodaja de berenjena.

Freír los bocadillos de berenjena con un poco de aceite en la sartén nuevamente durante unos 3 minutos y voltear hasta que el queso se derrita un poco. Disponga y sirva los sándwiches inmediatamente.

PLAZAS DE TOSTADA APERITIVA

Porciones: 6

INGREDIENTES

- 20 G   manteca
- 2 piezas   Pepinillos
- 100 GRAMOS Salmón fresco
- 170 G Tostado Weggli
- 70 G   pechuga de pavo
- 0,5 piezas   cebolla

PREPARACIÓN

Tuesta los panecillos tostados durante unos 3-5 minutos a 200 grados centígrados en el medio del horno. Deja que algo se enfríe.

Unte la mantequilla uniformemente sobre las tostadas.

Cortar por la mitad las rodajas de pechuga de pavo, doblarlas hacia la esquina y enrollarlas por completo. Amasar finamente los pepinillos y colocarlos como decoración.

Separe el salmón en trozos con un tenedor y cúbralos sobre las tostadas.

Cortar finamente la cebolla en aros y verter sobre los rollitos de salmón.

Coloque los cuadrados de tostadas de aperitivo en un plato agradable y sirva con un aperitivo.

CIABATTA PANINI

Porciones: 4

INGREDIENTES

- 1 PC   berenjena
- 2 cucharadas Albahaca fresca
- 4 piezas   Ciabatta u otro pan blanco
- 12 Bl   Hojas de lechuga verde
- 500 G Queso Mozzarella
- 2 cucharadas aceite de oliva
- 140 G jamón de Parma
- 2 cucharadas Pesto, verde
- 1 premio   pimienta
- 1 premio   sal
- 7 piezas   Tomates secos
- 2 piezas   Calabacín

PREPARACIÓN

Escurre la mozzarella fresca y córtala en cubos pequeños. Cortar el jamón y los tomates secos en tiras finas. Enjuague la albahaca fresca, agite para secar y pique finamente. Pon todos estos ingredientes en un bol, sazona con sal y pimienta y mezcla bien.

Lavar los calabacines frescos y las berenjenas, preparar y cortar en rodajas finas. Poner un poco de aceite en una sartén y sofreír las rodajas de calabacín durante unos 3 minutos, sofreír las berenjenas durante unos 7 minutos hasta que estén blandas. Sazone al gusto con un poco de sal, pimienta y pesto.

Cortar por la mitad los panecillos ciabatta y rellenar con la mezcla de mozzarella y cubrir las rodajas de verduras. Refina con hojas de lechuga si quieres. Rocíe con un poco de pesto. Cubre el pan con la tapa y sirve.

VESTIMENTA AMERICANA

Porciones: 1

INGREDIENTES

- 50 GRAMOS   Queso crema fresca
- 170 G   yogur
- 50 GRAMOS   Salsa de tomate
- 1 premio   perejil
- 1 premio   cebollín
- 1 TL   mostaza
- 2 TL   Jugo de limon
- 1 TL   azúcar

PREPARACIÓN

Mezcle el yogur cremoso con la crema fresca, la mostaza, la salsa de tomate, el jugo de limón y el azúcar en un bol.

Sazone bien con cebollino, perejil, sal y pimienta y colóquelo en el refrigerador hasta que esté listo para servir.

DONER KEBAB

Porciones: 4

INGREDIENTES

- 400 g de pierna de cordero (o paleta; alternativamente también pollo o ternera)
- 100 g de tocino (de cordero)
- 500 g de tomates
- caldo de carne
- 1 cebolla (roja)
- 1/4 de lechuga (al gusto)
- Repollo (rallado, al gusto)
- 1/2 pepino
- unos pimientos picantes para la marinada:
- 2 dientes de ajo
- 1/4 cucharadita de sal
- 2 cucharadas de aceite de oliva
- 1 cucharadita de pasta de tomate

- 1/2 cucharadita de harina de pimentón (turco)
- 1 pizca de pimienta (negra, molida)
- 1 pizca de especias nuevas (molidas)
- 1 pizca de canela
- 1 pizca de comino
- 1 pizca de tomillo (seco, frotado)
- Para la salsa de yogur:
- 500 g de yogur (turco, 10% FiT)
- 3 dientes de ajo

PREPARACIÓN

Para el doner kebab, primero trituramos finamente el ajo con la sal en un mortero y mezclamos con los demás ingredientes.

Cortar la carne y la grasa en dados de 3 cm, mezclar con la marinada y dejar reposar 12 horas (preferiblemente toda la noche). Ponga la carne y el tocino en las brochetas, poniendo un trozo de tocino cada tres cubos de carne. Ase durante 5-6 minutos, untando con sopa de vez en cuando.

Machacar el ajo con la sal en un mortero, incorporar al yogur.

Corta la cebolla y los tomates en rodajas. Corta la lechuga en tiritas. También puede dejar algunas hojas enteras. Corta el pepino por la mitad a lo largo dos veces y luego córtalo en rodajas.

Retire los cubos de carne a la parrilla de la brocheta y córtelos aún más pequeños (en rodajas).

Corta el pan plano por la mitad, corta un bolsillo. Vierta los ingredientes en el pan plano uno tras otro. Finalmente agregue la salsa de yogur al doner kebab.

inclinar

Si lo desea, también puede condimentar el kebab doner. Dependiendo del sabor, también se pueden omitir ingredientes individuales o agregar otros.

PASTEL DE SANDWICH SALADO

Porciones: 4

INGREDIENTES

- 14 rebanada (s) de pan tostado
- 200 g de jamón
- 75 g de salami de ajo (u otra salchicha entera fuerte)
- 125 g de Emmentaler (rallado)
- 4 encurtidos
- Alcaparras (a voluntad)
- 3/4 cucharadita de pasta de wasabi (o rábano picante rallado del frasco)
- 1 cucharadita de mostaza de Dijon
- 1 taza de crema fresca
- 1 paquete de Gervais

- 150 g de mantequilla (temperatura ambiente)
- Para el set:
- 175 g de Gervais (natural o crème fraîche)
- 1 manojo de cebolletas
- sal
- pimienta
- Aceitunas
- alcaparras
- Chico encurtido
- Rollos de salami

PREPARACIÓN

Para el sabroso pastel de sándwich, corte el jamón y el salami muy finamente o pique con un cuchillo de picar. Pica finamente los encurtidos y las alcaparras también.

En un bol, revuelva la mantequilla a temperatura ambiente hasta que esté espumosa, mezcle bien con la crème fraîche y Gervais. Mezclar con los ingredientes picados y el queso rallado. Sazone con rábano picante y mostaza de Dijon.

Corta la costra de la tostada (no la tires, sécala y ralla en migajas). Forre un molde desmontable no demasiado grande con una capa de pan y corte las rebanadas según sea necesario.

Pincelar con un poco de pasta de relleno, tapar de nuevo con pan y repetir hasta que se acabe todo. Termina con una capa de pan. Presione bien el pan, cubra con film transparente y déjelo reposar en un lugar fresco durante 1-2 horas.

Mientras tanto, pica finamente las cebolletas. Revuelva los Gervais, sazone con sal y pimienta y agregue aproximadamente la mitad de las cebolletas. Retirar el bizcocho del molde desmontable y untar con la crema de cebollino.

La capa de sándwich salado se coloca en la superficie en el borde exterior a capricho decorar con huevos duros, salami Rolls, alcaparras, aceitunas y / o Essiggurkerln. Esparcir el resto de las cebolletas por la mitad y servir el bizcocho.

inclinar

El sabroso pastel de sándwich es aún más fácil con las instrucciones en video paso a paso correspondientes.

SANDWICHES DE TÉ DE TARDE INGLÉS

Porciones: 8

INGREDIENTES

- 16 rebanada (s) de tostada integral
- 2 huevos
- 2 ramitas de albahaca
- 2 ramitas de eneldo
- 1/2 pieza de pepino
- 150 g de queso crema
- Jugo de limón (algo)
- sal
- Pimienta (del molino)
- 30 g de pistachos (picados)
- 100 g de mayonesa

PREPARACIÓN

Para los sándwiches ingleses del té de la tarde, retire la corteza de todas las tostadas. Hervir los huevos, enfriarlos bien, pelarlos y picarlos.

Enjuague la albahaca y el eneldo, agite para secar, desplume y pique finamente cada uno. Lave el pepino y córtelo en rodajas finas o en rodajas.

Mezclar el eneldo con el queso crema y sazonar con jugo de limón, sal y pimienta. Unte sobre 8 rebanadas de tostada y cubra 4 rebanadas con el pepino.

Cubra con los 4 discos recubiertos restantes (el lado recubierto hacia abajo) y presione ligeramente hacia abajo.

Mezclar los huevos con la albahaca, los pistachos y la mayonesa y sazonar con jugo de limón, sal y pimienta.

Unte sobre 4 rebanadas de pan tostado y cúbralas con las rebanadas restantes.

Corta por la mitad todas las rebanadas en diagonal y sirve los sándwiches ingleses del té de la tarde.

Consejo

Lo mejor es usar mayonesa casera para los sándwiches ingleses del té de la tarde.

En nuestra receta básica de mayonesa, le mostraremos cómo puede hacer mayonesa fácilmente usted mismo.

PRETZEL DE FIESTA

Porciones: 10

INGREDIENTES

- Mayonesa de verduras (para cepillar)
- Para la masa:
- 1 1/4 kg de harina
- 3 cucharadas de sal
- 4 cucharadas de aceite de oliva
- 1 cubo de levadura (fresca)
- 800 ml de agua (tibia)
- Para espolvorear:
- aceite de sésamo
- Amapola para cubrir:
- salchicha
- queso

- ensalada
- verduras
- peces
- Huevos

PREPARACIÓN

Para el pretzel de la fiesta, prepare una masa de levadura suave la noche antes de usar harina, sal, aceite de oliva, levadura y agua y déjela reposar en el refrigerador durante la noche. Dar forma al pretzel, espolvorear con semillas de sésamo, semillas de amapola y queso y dejar reposar en la bandeja de horno hasta que duplique su volumen.

Hornee en un horno precalentado a 250 grados durante 15-20 minutos. Pulverizar con agua, cubrir con un paño y dejar enfriar. Cortar por la mitad, untar con mayonesa de verduras y cubrir el pretzel de la fiesta con ensalada, salchicha o pescado, queso, huevos y verduras, como desee.

HUNTERBUN

Porciones: 1

INGREDIENTES

- Sándwich de 1 pieza
- 100 g de mantequilla
- 100 g de queso crema
- 1 cucharada de mostaza
- 1 cucharada de mayonesa
- 80 g de gouda
- 60 g de jamón prensado
- 2 piezas de pepinillos en escabeche
- 50 g de salami
- 2 huevos (duros)
- sal
- perejil
- pimienta

PREPARACIÓN

Para el despertar del cazador, corte un extremo del sándwich y saque el pan con una cuchara. Arranca la mezcla de pan en trozos pequeños y reserva.

Mezcle la mantequilla con el queso crema, la mostaza y la mayonesa hasta que esté cremosa y sazone con sal y pimienta. Agrega el perejil. Trabaja en la mezcla de pan. Cortar el gouda, el jamón, el salami, los pepinillos y los huevos en trozos pequeños y mezclar bien con la mezcla de mantequilla y pan.

Vierta la mezcla en el sándwich y envuélvala en film transparente y déjela reposar en el frigorífico unas horas.

Cortar el Jägerwecken en rodajas y servir.

FILETE DE CERDO EN PAN CON COL PUNTA Y MAYONESA DE AJO

Porciones: 4

INGREDIENTES

- 600 g de filete de cerdo
- Aceite para freír)
- Mantequilla (para freír)
- sal
- Pimienta (del molino)
- Para la mancha:
- 100 g de mermelada de rosa mosqueta
- 60 ml de cerveza de malta
- 4 ramitas de tomillo
- 1 ramita (s) de romero

- 3 dientes de ajo (grandes, pelados)
- 2 granos de pimienta gorda para la hierba:
- 300 g de repollo puntiagudo
- 2 cucharadas de azúcar granulada
- 1 limón (sin tratar; jugo y ralladura)
- sal
- Pimienta (del molino)
- 1 pizca de semillas de alcaravea (enteras)
- 3 cucharadas de aceite de oliva Para el pan plano:
- 500 g de harina (suave)
- 330 ml de agua (tibia)
- 3 cucharadas de aceite de oliva
- 1 paquete de levadura seca
- 1 cucharadita de sal
- 1 cucharadita de mejorana Para la mayonesa:
- 2 yemas de huevo
- 3 dientes de ajo (grandes)
- 100 ml de aceite de girasol
- 1 chorrito de jugo de limón
- 1 pizca de sal
- 1 pizca de pimienta (del molinillo)

PREPARACIÓN

Para el pan plano, primero amasar todos los ingredientes hasta obtener una masa suave, dividir en 4 trozos y formar bolitas con movimientos circulares. Tapar y dejar reposar unos 20 minutos.

Precaliente el horno a 220 ° C de temperatura superior / inferior. Presione con cuidado las bolas de masa, cepille con agua tibia y hornee en el horno precalentado durante 5 minutos a 220 ° C, luego durante 10-12 minutos más a 180 ° C.Deje enfriar.

El repollo cortado en tiras muy finas o alisado. Amasar bien con sal, azúcar, jugo y ralladura de limón, semillas de alcaravea, pimienta y aceite de oliva. Déjelo reposar durante unos 15 minutos.

Mezcle todos los ingredientes del tinte en un mortero o una picadora hasta obtener una pasta fina.

El zuputzen de solomillo de cerdo. Dorar la carne por todos lados en un poco de aceite en una sartén precalentada. Luego reduzca el fuego y cubra toda la carne con la mancha. Agregue la mantequilla a la sartén y cocine el filete a fuego lento durante aprox. 8-10 minutos, volteando y cepillando con la mancha.

Deje la sartén a un lado y deje que la carne hierva a fuego lento durante otros 5 minutos. Luego corta el filete de cerdo en rodajas finas.

Mezclar la salsa con el resto de la mancha y sazonar con sal y pimienta.

En un recipiente alto hecho de yemas de huevo, jugo de limón y los dientes de ajo pelados, mezcle una pasta con una batidora de mano, mezcle el aceite en un chorro fino y sazone la mayonesa con sal y pimienta.

Cortar el pan por la mitad horizontalmente, untar con la mayonesa, esparcir el repollo puntiagudo y las rebanadas filete de cerdo encima y servir adornado con lechuga.

SANDWICH CLUB VIP

Porciones: 2

INGREDIENTES

- 6 Schb   pan
- 4 cucharadas Mayonesa KUNER 25% grasa
- 4 Schb   Pechuga de pollo (cocida)
- 1 kpf   Lechuga iceberg
- 2 piezas   Tomate (en rodajas)
- 0,5 piezas   Pepino (en rodajas)
- 4 Schb   Tocino (crujiente)

PREPARACIÓN

Tostar el pan. Ponga mayonesa KUNER en 2 rebanadas de pan tostado.

Cubrir con un poco de lechuga, tomates, pepino y una rodaja de pechuga de pollo. Colocar otra rebanada de pan encima del pollo y cubrir con un poco de mayonesa.

Coloca la lechuga, el tomate, el pepino y el tocino crujiente sobre el pan. Finalmente, coloca la segunda rebanada de pan tostado encima del tocino.

Corte los sándwiches por la mitad en diagonal y asegúrelos con brochetas de cóctel. Sirva con vegetales crudos.

SANDWICH DE PEPINO

Porciones: 2

INGREDIENTES

- 4 Schb   Tostada (descortezada)
- 1 PC   Pepino (pequeño)
- 1 premio   sal
- 2 cucharadas manteca
- 1 cucharada   Jugo de limon
- 1 premio   Pimienta blanca)

PREPARACIÓN

Pela, corta por la mitad y saca el corazón del pepino. Corta o corta el pepino en rodajas finas.

Mezclar las rodajas de pepino con sal, pimienta y jugo de limón y dejar macerar durante 5 minutos, luego escurrir bien en un colador.

Unte las rebanadas de pan tostado con mantequilla por un lado y cúbralas con las rebanadas de pepino, posiblemente agregue un poco de sal / pimienta.

Corta ambos sándwiches una o dos veces en diagonal y sírvelos.

LASAÑA SANDWICH

Porciones: 4

INGREDIENTES

- 10 piezas   Rebanadas de pan tostado
- 1 PC   cebolla
- 1 disparo   Aceite para la sartén
- 5 cucharadas Salsa de tomate
- 3 cucharadas crema agria
- 150 G Jamón cocido, cortado en lonchas
- 200 g Rebanado queso
- 100 GRAMOS Mozzarella en trozos
- 100 GRAMOS Queso rallado

PREPARACIÓN

Para nuestro sándwich de lasaña, primero pelamos la cebolla, la picamos finamente y la sofreímos brevemente en una sartén con un poco de aceite.

Luego agregue la salsa de tomate y la crema agria y cocine a fuego lento brevemente, revolviendo constantemente.

Ahora cubra el fondo de una fuente para hornear con rebanadas de pan tostado (tostadas para sándwich) y unte las rebanadas de pan tostado con la salsa que preparó anteriormente. Coloque una capa de jamón sobre la salsa y cubra el jamón con lonchas de queso.

Unte unos trozos de mozzarella sobre las rodajas de queso y cubra todo con las rodajas de pan tostado.

Finalmente, rebozar las tostadas con la salsa nuevamente, distribuir bien el jamón, los trozos de mozzarella y el queso rallado.

Ahora hornee la cazuela durante unos 15 minutos en el horno precalentado (calor superior / inferior) a 220 grados.

SANDWICH DE AGUACATE

Porciones: 2

INGREDIENTES

- 1 cucharada   Ayvar
- 1 cucharada   Pasta de tomate
- 2 TL   Jugo de limon
- 1 PC   Aguacate (maduro)
- 1 PC   Cebolla (roja)
- 2 Schb   Queso gouda
- 1 PC   junquillo
- 1 premio   pimienta
- 1 premio   sal

PREPARACIÓN

Precalienta el horno a 200 °. Mientras tanto, mezcle el ayvar, la pasta de tomate y 1 cucharadita de jugo de limón. Sazone bien con sal y pimienta.

Pelar el aguacate y cortarlo en tiritas. Después de pelarla, corta la cebolla en aros finos y corta el queso por la mitad.

Cortar la baguette en rodajas y colocar en una bandeja de horno, untar con la nata, colocar encima el aguacate y los aros de cebolla y cubrir con el queso. Finalmente sazone con sal y pimienta y hornee en el horno durante 5 minutos.

SANDWICH DE VERDURAS

Porciones: 4

INGREDIENTES

- 8 Schb   brindis
- 2 piezas   Tomates
- 1 PC   cebolla
- 50 GRAMOS parmesano
- 0,5 piezas   Lechuga
- 3 piezas   Huevos
- 40 G   manteca

PREPARACIÓN

Hervir los huevos, enfriar, pelar y cortar en rodajas.

Limpiar la lechuga, lavar, secar y cortar en trozos pecueños. Pela la cebolla. Lava los tomates. Cortar la cebolla y los tomates en dados. Corta el parmesano en rodajas.

Tuesta ligeramente las rebanadas de pan tostado. Deje enfriar y unte con la mantequilla.

Cubre cuatro rebanadas de pan tostado con los ingredientes preparados y la pimienta. Cubra con las rebanadas de tostadas restantes. Presione ligeramente y corte una vez en diagonal.

SANDWICH DE POLLO Y LIMÓN

Porciones: 2

INGREDIENTES

- 2 piezas   Pechugas de pollo
- 2 cucharadas Jugo de limon
- 2 cucharadas Harina
- 0.5 cucharadas   semillas de hinojo trituradas
- 2 cucharadas aceite de oliva
- 1 PC   pimenton
- 1 Federación Rúcula
- 8 Schb   Pan de sándwich
- 1 premio   pimienta
- 1 premio   sal

PREPARACIÓN

Aplana las pechugas de pollo (partidas por la mitad, deshuesadas) y marina con jugo de limón durante al menos 20 minutos.

Mezclar el hinojo, la harina, la sal y la pimienta. Escurrir el pollo y enrollarlo.

Freír el pollo en el aceite durante unos 20 minutos. Sacar de la sartén.

Cortar el pimentón en tiritas, sofreírlo con un poco de aceite y añadir el jugo de limón a la marinada hasta que se haya evaporado por completo.

Tostar el pan para sándwich, cortar el pollo en rodajas y preparar sándwiches con las tostadas, los pimientos y los filetes.

SANDWICH DE PEPINO CON MANTEQUILLA DE LIMÓN

Porciones: 4

INGREDIENTES

- 6 cucharadas manteca
- 1 premio   pimienta
- 1 PC   Pepino
- 1 premio   sal
- 12 pan blanco Schb
- 1 PC   limón
- 1 cucharada   Jugo de limon
- 1 Pa   Hojas de lechuga
- 0,5 piezas   pimenton
- 1 premio   azúcar

PREPARACIÓN

Mezcle la mantequilla con la ralladura de limón y el jugo de limón en un tazón pequeño.

Unte una fina capa de mantequilla en cada rebanada de pan. Cubrir la mitad de las rodajas con una fina capa de rodajas de pepino, hojas de lechuga y pimentón cortado en tiras.

Espolvorea ligeramente con azúcar y pimienta. Coloque las otras rebanadas de pan con mantequilla encima.

Recorta los bordes y corta cada sándwich en 4 triángulos.

Tostada de bistec americano

Porciones: 4

INGREDIENTES

- 4 piezas   Hojas de lechuga
- 4 piezas   Rebanadas de tomate
- 400 G lomo de cerdo
- 4 cucharadas Salsa de cóctel
- 4 Schb   Queso (picante)
- 1 cucharada   Mantequilla clarificada
- 1 premio   pimienta
- 1 premio   sal

PREPARACIÓN

Para las tostadas de bistec americano, primero lave bien las hojas de lechuga y agítelas para secarlas. También precalentar el horno (función grill a 200 °).

Ahora sofreír el filete de cerdo por todos lados en mantequilla clarificada caliente, sazonar con sal y pimienta y asar durante 10 minutos dando vuelta hasta el final. Luego corta el lomo de cerdo en rodajas.

Colocar una rebanada de queso sobre la tostada en la tostadora y una rebanada de queso en cada uno de los filetes y colocar brevemente en el horno a 200 ° C.

Mientras tanto, unta las rebanadas de pan tostado con salsa cóctel y luego coloca una hoja de lechuga y una rodaja de tomate encima. Recién ahora salen las lonchas de bife con el queso ligeramente derretido. ¡Buen provecho!

SANDWICH SALUDABLE DE GRANO ENTERO

Porciones: 2

INGREDIENTES

- 4 Schb   Pan de grano entero
- 1 PC   palta
- 4 cucharadas requesón
- 1 cucharada   Cilantro picado
- 2 Spr Jugo de limon
- 3 premio   pimienta
- 3 premio   sal

PREPARACIÓN

Corta el aguacate por la mitad, quita el hueso y saca la pulpa de la piel. Cortar el aguacate en rodajas finas y rociar con un poco de jugo de limón.

Unte 1 cucharada de requesón en dos panes integrales, luego esparza las rodajas de aguacate encima. Sazone con una pizca fuerte de sal y pimienta y esparza el resto del requesón por encima. Cubrir con la rebanada de pan en blanco y disfrutar.

SANDWICHES ITALIANOS

Porciones: 4

INGREDIENTES

- 2 cucharadas aceite de oliva
- 1 PC   Cebolla (finamente picada)
- 1 PC   Ajo (finamente picado)
- 1 PC   Pimiento (rojo, finamente picado)
- 200 g Carne molida
- 125 ml vino tinto
- 2 cucharadas Pasta de tomate
- 4 piezas   ciabatta
- 75 G   Queso Mozzarella
- 2 cucharadas Hojas de albahaca
- 1 premio   pimienta
- 1 premio   sal

PREPARACIÓN

Calentar el aceite en una cacerola más grande y sofreír la cebolla, el ajo, los pimientos morrones y los champiñones a fuego medio. sigue revolviendo. Después de 5 minutos se agrega la carne picada y se dora mientras se revuelve constantemente.

Luego agregue vino, pasta de tomate y sal y pimienta y cocine a fuego lento durante otros 10 minutos.

Mientras tanto, corte la ciabatta, cepille la superficie cortada con aceite y coloque la parte inferior en un trozo grande de papel de aluminio. Ahora distribuya la mezcla de carne uniformemente por encima.

Cortar el queso en rodajas y distribuir sobre los rollitos. Ahora espolvorea con albahaca y coloca la parte superior encima. Sirva inmediatamente o déjelo reposar durante aproximadamente una hora.

SANDWICH DE JAMÓN

Porciones: 2

INGREDIENTES

- 1 cucharada   petróleo
- 8 Schb   jamón
- 3 Schb   brindis
- 2 piezas   Tomates
- 1 TL   manteca
- 4 Bl   ensalada
- 1 premio   pimienta
- 1 premio   sal

PREPARACIÓN

Lavar la lechuga y escurrir bien. Lave los tomates, córtelos en rodajas y sazone.

Dorar las tostadas en la tostadora y cortarlas en diagonal. Unte las cuatro esquinas de las tostadas con mantequilla.

Freír la mitad de las lonchas de jamón en una sartén con un poco de aceite. Cubra dos esquinas de tostadas con lechuga, una rodaja de jamón frito y otra fresca y rodajas de tomate.

Coloque dos esquinas de tostadas más encima y cúbralas de la misma manera. Termine con las esquinas tostadas y asegure con palillos de dientes.

SANDWICH DE CLUB

Porciones: 4

INGREDIENTES

- 4 piezas   Escalope de pavo
- 8 piezas   brindis
- 1 PC   Tomates
- 1 PC   ensalada
- 2 piezas   cebolla
- 4 Schb   queso

PREPARACIÓN

Para el sándwich club, el escalope de pavo se sazona con sal, pimienta y un poco de chile. Freír la carne por ambos lados en una sartén y cubrir con el queso; dejar hervir a fuego lento en la sartén hasta que el queso se derrita.

Corta los tomates en rodajas y corta la lechuga muy pequeña. También corta las cebollas en trozos pequeños y sofríelas en una sartén hasta que estén doradas.

Tuesta las tostadas en la tostadora hasta que estén doradas. Cubre la tostada terminada con la lechuga cortada y una rodaja de tomate. Ponga la carne y las cebollas sobre la tostada y finalmente ponga una segunda tostada como tapa en el plato terminado.

También puede hacer una salsa de yogur para servir.

SANDWICH DE QUESO FUNDIDO

Porciones: 2

INGREDIENTES

- 2 Schb   Pan de grano entero
- 200 g   Queso asado
- 2 piezas   Lechuga
- 0,5 piezas   Tomates
- 1 premio   sal
- 1 premio   pimienta
- 1 disparo   petróleo

PREPARACIÓN

Primero asa las rebanadas de pan en la tostadora hasta que estén doradas y sofríe brevemente el queso a la plancha con un poco de aceite en la sartén por ambos lados.

Lavar la lechuga crujiente y el tomate y cortar el tomate en rodajas.

Luego cubra las rebanadas de pan a la parrilla con las hojas de lechuga, los tomates y el queso a la parrilla ligeramente chamuscado y sazone con sal y pimienta al gusto.

SANDWICH DE QUESO DE OVEJA

Porciones: 2

INGREDIENTES

- 1 PC   Berenjena (pequeña)
- 1 premio   sal
- 0.25 Federación   Cohete (aprox.20 g)
- 1 PC   tomate
- 3 TL   aceite de oliva
- 4 Schb   Pan integral de espelta
- 1 premio   pimienta
- 40 G   Queso de oveja

PREPARACIÓN

Primero lavar bien las berenjenas, cortar los extremos y luego cortar a lo largo en aprox. 8 rodajas finas. Coloque las rodajas una al lado de la otra sobre papel de cocina, sal ligeramente y deje reposar durante unos 5 minutos.

Mientras tanto, lave la rúcula, agítela para secarla y quítele los tallos gruesos. Lave el tomate y séquelo. Luego corta el extremo del tallo y corta el tomate como la berenjena en 8 rodajas finas. Ahora caliente una cucharadita de aceite de oliva en una sartén antiadherente y tueste las rebanadas de pan a fuego medio por cada lado durante unos 3 minutos hasta que estén doradas. Sacar y dejar enfriar.

Ahora seque las berenjenas con papel de cocina. Calentar nuevamente el aceite de oliva en la sartén antiadherente, freír 4 rodajas de berenjena a fuego medio durante unos 3 minutos hasta que se doren. Sazone con pimienta. Sofreír el resto de las berenjenas en el resto del aceite. Sacar, colocar en un plato y dejar enfriar.

Cubra dos rebanadas de pan tostado con la mitad de la berenjena, la rúcula y el tomate cada una. Luego espolvorea un poco de pimienta por encima.

Seque el queso de oveja. Y corta cuatro rodajas. Luego se colocan sobre los bocadillos y se espolvorean nuevamente con pimienta. Coloque las dos rebanadas de pan restantes encima como tapa y presione ligeramente. ¡Terminado!

SANDWICH CREAM DE AGUACATE

Porciones: 4

INGREDIENTES

- 2 piezas   palta
- 50 GRAMOS Mayonesa (vegana)
- 2 piezas   Limas
- 1 premio   sal
- 1 premio   pimienta

PREPARACIÓN

Cortar por la mitad y quitar el corazón del aguacate Retirar la pulpa con una cuchara y colocar en un bol.

Agrega el jugo de lima y la mayonesa y licúa con la batidora de mano hasta obtener una mezcla homogénea.

Sazone con sal y pimienta al gusto.

SANDWICH DE PLÁTANO

Porciones: 2

INGREDIENTES

- 4 Schb   Pan tostado, genial
- 1 PC   plátano
- 2 cucharadas mermelada de albaricoque
- 2 cucharadas mantequilla de almendras blancas

PREPARACIÓN

Primero unte 2 panes tostados con mermelada, luego con mantequilla de almendras blancas.

Luego corta los plátanos en rodajas y colócalos sobre una tostada.

Cerrar, cortar en diagonal y servir.

SANDWICH DE CAMEMBERT

Porciones: 2

INGREDIENTES

- 1 PC   ciabatta
- 2 piezas   queso Camembert
- 1 PC   naranja

PREPARACIÓN

Corta la ciabatta y colócala en la bandeja para hornear junto con el camembert. Hornee en el horno durante 5 minutos a 200 ° C.

Mientras tanto, pela la naranja y quita las manchas blancas con un cuchillo afilado. Luego corta la naranja en rodajas.

Cortar el camembert tibio en rodajas, colocar sobre la chapata y cubrir con rodajas de naranja.

Sirve caliente y disfruta.

SANDWICH DE PEPINO

Porciones: 2

INGREDIENTES

- 4 Schb   Tostadas integrales
- 3 cucharadas queso crema
- 120 g pepino
- 1 premio   pimienta
- 1 premio   sal

PREPARACIÓN

Coloque los panes uno encima del otro y corte la corteza, unte uniformemente con queso crema. Lavar el pepino y cortarlo en rodajas finas, esparcirlo sobre la tostada.

Sazone con sal y pimienta y doble 2 hogazas de pan. Cortar el pan por la mitad en diagonal y dejar al gusto.

SANDWICH DE APERITIVO

Porciones: 4

INGREDIENTES

- 100 GRAMOS jamón
- 8 piezas   brindis
- 2 piezas   Tomates
- 50 GRAMOS parmesano
- 3 piezas   Huevos
- 40 G   manteca
- 4 Bl   ensalada
- 1 premio   pimienta

PREPARACIÓN

Hervir los huevos, enfriar, pelar y cortar en rodajas. Corta el jamón en tiras. Rallar el parmesano en trozos grandes.

Limpiar la lechuga, lavar, secar y cortar en trozos pequeños. Lavar y picar los tomates. Corta el parmesano en rodajas.

Tuesta ligeramente las rebanadas de pan tostado. Deje enfriar y unte con la mantequilla.

Cubre cuatro rebanadas de pan tostado con los ingredientes preparados y la pimienta. Cubra con las rebanadas de tostadas restantes. Presione ligeramente y corte una vez en diagonal.

PAN INTEGRAL CON QUESO CURD

Porciones: 1

INGREDIENTES

- 1 Schb Pan de grano entero
- 1 cucharada   Macetas
- 1 premio   Sal sazonada
- 1 TL   Cortar cebolletas
- 0.5 premio   Semillas de pulgas

PREPARACIÓN

Unte el pan integral con requesón y sazone con sal de hierbas al gusto. Espolvoree las cebolletas picadas y el psyllium en la olla.

SANDWICH DE BISTEC EN FLANCO

Porciones: 2

INGREDIENTES

- 2 piezas   Ciabatta o baguette
- 0,5 piezas   Lechuga iceberg

Para el bife de falda

- 600 G Filete de flanco
- 2 piezas   Dientes de ajo
- 3 cucharadas Aceite de colza
- 2 cucharadas salsa de soja
- 1 TL   Polvo de pimentón
- 1 premio   sal
- 1 premio   pimienta
- 1 premio   pimiento morrón

- para la crema
- 1 PC   jalapeño verde chile
- 10 G   cebollín
- 200 g   queso crema
- 1 premio   sal
- 1 premio   pimienta

para la salsa

- 0,5 piezas   Mango muy maduro
- 1 TL   Vinagre de sidra de manzana
- 1 cucharada   aceite de oliva
- 2 cucharadas   Miel de acacia

PREPARACIÓN

Para la marinada, primero pele y pique finamente los ajos, luego mezcle con el aceite de colza, la salsa de soja, el pimentón y la pimienta gorda y sazone con un poco de pimienta.

Coloque el filete de falda en la mezcla y déjelo marinar durante al menos 30 minutos.

Mientras tanto, corte la lechuga iceberg, pele y corte en rodajas el aguacate y las cebollas rojas y reserve.

Para la crema, pique finamente el chile jalapeño y el cebollino, mezcle con el queso crema y sazone con sal y pimienta.

Para la salsa, pelar el mango y quitar la pulpa del corazón. Con una batidora de mano, procese el vinagre de sidra de manzana, el aceite de oliva y la miel de acacia hasta obtener una salsa suave.

Luego corte el pan por la mitad a lo largo. Retire el bistec de la marinada, séquelo y sazone con un poco de sal.

Luego preparar la parrilla para el calor directo a 250 °C. Colocar el bife directamente sobre la parrilla y freír a fuego directo durante 2-3 minutos por cada lado.

Coloca el bistec a fuego indirecto y déjalo reposar hasta que alcance la temperatura central deseada.

Por último, retira el bife de la parrilla y déjalo reposar otros 5 minutos en un lugar cálido. Tostar el pan durante aproximadamente 1 minuto por cada lado.

Por último, picar finamente la carne, untar la nata sobre el pan, cubrir con la ensalada, los trozos de aguacate, la cebolla y la carne y disfrutar con la salsa.

SANDWICH DE PAN CORTA

Porciones: 4

INGREDIENTES

- 8 piezas   Mantecada
- 4 cucharadas Vainilla mövenpick
- 1 cucharada   Almendras (tostadas, picadas)

PREPARACIÓN

Deje que el helado de vainilla se descongele un poco, luego mezcle con las almendras tostadas picadas.

Extienda una cucharada de cada uno sobre una galleta de mantequilla y ponga una segunda mantequilla, exprímalo un poco fuerte y vuelva a congelarlo por 2 horas (envuelto en film transparente, puede dejarlo congelado por más tiempo y "refrigerio" si es necesario
)

CONCLUSIÓN

Se trata de un plato que también es saludable. Setas con gambas, pescado a la plancha con lechuga, crema de calabacín, filete de pollo a la plancha o al horno con especias, huevos cocidos con atún, etc. La combinación de proteínas con verduras vuelve por la noche. De postre, puede tomar un yogur desnatado.

A veces puede alternar las comidas con la cena. Entonces, si dejas el bocadillo por la noche, puedes disfrutar de pasta o papas con pescado y carne para el almuerzo, como se mencionó anteriormente. Eso sí, sin olvidar una buena ensalada o un buen plato de verduras.

Es cierto que no impone cantidades y que muchos y muchos lo cuestionan como un método definitivo y saludable. Pero manteniéndolo así durante un tiempo, alternando con estos platos más saludables, nos ayuda en esos momentos en los que el trabajo nos impide

comer como queremos.

Lightning Source UK Ltd.
Milton Keynes UK
UKHW020657210521
384116UK00005B/84